essentials

Weitere Bände in dieser Reihe
http://www.springer.com/series/13088

essentials liefern aktuelles Wissen in konzentrierter Form. Die Essenz dessen, worauf es als „State-of-the-Art" in der gegenwärtigen Fachdiskussion oder in der Praxis ankommt. essentials informieren schnell, unkompliziert und verständlich

- als Einführung in ein aktuelles Thema aus Ihrem Fachgebiet
- als Einstieg in ein für Sie noch unbekanntes Themenfeld
- als Einblick, um zum Thema mitreden zu können

Die Bücher in elektronischer und gedruckter Form bringen das Expertenwissen von Springer-Fachautoren kompakt zur Darstellung. Sie sind besonders für die Nutzung als eBook auf Tablet-PCs, eBook-Readern und Smartphones geeignet. essentials: Wissensbausteine aus den Wirtschafts, Sozial-und Geisteswissenschaften, aus Technik und Naturwissenschaften sowie aus Medizin, Psychologie und Gesundheitsberufen. Von renommierten Autoren aller Springer-Verlagsmarken.

Marija Jankovic · Hatto Brenner

Die Wirtschaft Serbiens

Rahmenbedingungen, Strategien und Entwicklungsmöglichkeiten

Marija Jankovic
Gornji Milanovac, Serbien

Hatto Brenner
AWI International Business Services
Erlangen, Deutschland

ISSN 2197-6708 ISSN 2197-6716 (electronic)
essentials
ISBN 978-3-658-13412-9 ISBN 978-3-658-13413-6 (eBook)
DOI 10.1007/978-3-658-13413-6

Die Deutsche Nationalbibliothek verzeichnet diese Publikation in der Deutschen Nationalbibliografie; detaillierte bibliografische Daten sind im Internet über http://dnb.d-nb.de abrufbar.

Springer Gabler

Gedruckt auf säurefreiem und chlorfrei gebleichtem Papier

Springer Gabler ist Teil von Springer Nature
Die eingetragene Gesellschaft ist Springer Fachmedien Wiesbaden GmbH

Vorwort

Kaum ein Land in Europa grenzt an so viele Nachbarstaaten wie Serbien. Im Zentrum der Balkanhalbinsel gelegen, hat es gemeinsame Grenzen mit acht Nachbarländern. Große Teile des Landes sind durch ein buntes Völkergemisch geprägt; neben der Hauptsprache Serbisch werden je nach Region bis zu sechs weitere Sprachen gesprochen.

Das in erheblichem Umfang landwirtschaftlich geprägte Land soll durch die Privatisierung wichtiger Schlüsselindustrien und durch zunehmende Investitionsanreize für ausländische Firmen eine deutliche Wende zu einem modernen Industriestaat erhalten.

Ein Land im Aufbruch!

Marija Jankovic, eine gebürtige Serbin, hat nach ihrem volkswirtschaftlichen Studium verantwortungsvolle Positionen in international orientierten serbischen Firmen wahrgenommen. Sie engagiert sich im Rahmen der serbischen Wirtschaftskammer für den Beitritt Serbiens zur Europäischen Union.

In diesem *essential* zeigt sie insbesondere die von der Regierung eingeschlagenen Wege auf, um die vorhandenen Probleme des Landes rasch und nachhaltig zu verbessern.

Hatto Brenner

Über die Autoren

Marija Jankovic wurde 1978 in Gornji Milanovac/ Serbien geboren. Im Jahr 2003 beendete sie ihr Studium der Volkswirtschaft und arbeitete anschließend 12 Jahre bei der Firma Metalac Posudje d.d. in Gornji Milanovac. Sie war als Exportmanagerin verantwortlich für die Bearbeitung des deutschen Marktes und parallel hierzu war sie bei der serbischen Wirtschaftskammer engagiert im Rahmen der Beitrittsverhandlungen zur Europäischen Union. Inzwischen ist sie bei der Firma Unipromet in Cacak als Exportmanagerin für den europäischen Markt zuständig.

Hatto Brenner verfügt über langjährige Erfahrungen in leitenden Positionen international tätiger Unternehmen. Als selbstständiger Berater, Seminaranbieter und Buchautor hat er sich auf den Themenbereich „International Business Development" spezialisiert. Mit seinem international verankerten Dienstleistungsangebot unterstützt er vorwiegend mittelständische Unternehmen beim Aufbau und bei der Abwicklung internationaler Geschäftsaktivitäten. Als Präsidiumsmitglied international orientierter Unternehmerverbände fördert er grenzüberschreitende Geschäftsaktivitäten der Mitgliedsunternehmen.

Inhaltsverzeichnis

Abkürzungsverzeichnis

B2B	Business to Business
B2C	Business to Consumer
Bio	Biologische
BIP	Bruttoinlandsprodukt
CEFTA	Central European Free Trade Association
e-	elektronisch
eng.	englisch
ESPR	Programm für die Reform der Beschäftigungspolitik und der sozialen Politik
GINI	The Gini coefficient (also known as the Gini index or Gini ratio) is a measure of statistical dispersion intended to represent the income distribution of a nation's residents, and is the most commonly used measure of inequality
GIZ	Gesellschaft für Internationale Zusammenarbeit
GJ	Giga Joule
i.H.v	in Höhe von
IATA	International Air Transport Association
IT	Informationstechnologie
IWF	Internationaler Währungsfonds
MW	Megawatt
NBS	National Bank of Serbia
RS	Republik Serbien
RSD	Serbian Dinar – official currency of Serbia
SAA	Stabilisierungs- und Assoziierungsabkommen
SILC	Statistics on Income and Living Conditions

Kurze Zusammenfassung wesentlicher Daten über Serbien

1

1.1 Staatsgebiet

Die Republik Serbien (Abb. 1.1) ist ein Binnenstaat, der im südöstlichen Teil Europas, im zentralen Bereich der Balkanhalbinsel liegt. Serbien erstreckt sich über eine Fläche von 88.499 km^2. Die Hauptstadt ist Belgrad, mit 1,6 Millionen Einwohnern.

Die Gesamtlänge der Grenzen beträgt 2.361 km. Davon sind 66 % Landgrenzen, 32 % Flussgrenzen und 1,8 % Seegrenzen.

Die Nachbarländer Serbiens sind: Ungarn, Kroatien, Bosnien und Herzegowina, Montenegro, Albanien, Mazedonien, Bulgarien und Rumänien.

Im Vergleich zur Bundesrepublik Deutschland ist die Fläche Serbiens etwa um das 4,6-Fache kleiner.

1.2 Geografische Lage

Die geopolitische, geostrategische und makroregionale Lage Serbiens änderte sich im Laufe der Geschichte. Dabei hat Serbien seine Rolle als Transitland und Vermittler auf dem Balkan und in Europa nicht verloren.

Für die gute verkehrsgeografische Lage Serbiens spricht besonders die Tatsache, dass von zehn Paneuropäischen Verkehrskorridoren sieben durch das serbische Gebiet verlaufen. Das Rückgrat des Verkehrs sind der Korridor VI (die Donau) und

M. Jankovic, H. Brenner, *Die Wirtschaft Serbiens*, essentials,
DOI 10.1007/978-3-658-13413-6_1

Abb. 1.1 Geografische Karte Serbiens mit der Darstellung der Landkreise und Gebiete (Quelle: https://sr.wikipedia.org/wiki)

der Korridor X (ein Verkehrskorridor, der folgende Länder miteinander verbindet: Österreich, Ungarn, Slowenien, Kroatien, Serbien, Bulgarien, Mazedonien und Griechenland).

1.3 Naturmerkmale

Serbien besteht aus drei geografischen Einheiten: der Pannonischen Tiefebene im Norden, dem Zentrum mit niedrigeren Gebirgen und Flachland und dem Gebiet mit Gebirgen und Talbecken im Süden.

Die Pannonische Tiefebene nimmt 25 % des gesamten Staatsgebiets ein. Zwei niedrigere Gebirge durchziehen die Tiefebene: Fruška Gora und Vršačke planine.

Der größte Teil des serbischen Gebiets, etwa 65 %, sind Landschaften mit niedrigeren Gebirgen und Flachland. Dabei geht es um ein hügeliges Gebiet mit niedrigeren Gebirgen, mit Höhen von 500 bis 1000 Metern.

Das Gebiet mit Gebirgen und Talbecken, mit Höhen über 1000 Meter, nimmt 10 % des serbischen Staatsgebiets ein. 15 Gipfel sind sogar mehr als 2000 Meter hoch. Der höchste Punkt ist Đeravica (im Gebirge Prokletije) mit einer Höhe von 2656 m.

Serbien verfügt über ein bedeutendes **Wasserpotenzial** in Oberflächen- und Grundgewässern. Der längste Fluss ist die Donau (588 km) und der größte See der Djerdap-See mit einer Fläche von 253 km^2.

Das **Energiepotenzial** ist bedeutend, wobei Kohle und Wasserkraft 84 % der heimischen Energieträger ausmachen, im Unterschied zu Deutschland, wo Naturgas ein Drittel der genutzten Energieträger ausmacht.

Was **Mineralpotenziale** angeht, gibt es bedeutende Reserven von Metallerzen (Kupfer, Blei und Zink, Bauxit und Antimon) und Nichtmetallen (Magnesit, Asbest, Quarzsand, Phosphate, Keramikton und Baustein).

Das **landwirtschaftliche und forstwirtschaftliche Potenzial** ist sehr groß. Der Anteil der landwirtschaftlichen Flächen an der Gesamtfläche beträgt 65 %, wobei Ackerland 45 % davon ausmacht. Einer der komparativen Vorteile Serbiens, neben der konventionellen Landwirtschaft, ist auch die Produktion von Bio-Nahrung. Forschungen zeigen, dass 75 % der Flächen in Zentralserbien für den Bio-Anbau gut geeignet sind.

Wälder bedecken 26 % der Gesamtfläche, was dem Anteil der Wälder in Deutschland, der 30 % beträgt, ähnlich ist. Der Anteil von Nadelbäumen ist 6 % und der von Laubbäumen 94 %.

1.4 Klima

Das Klima Serbiens kann als gemäßigt kontinental beschrieben werden, mit mehr oder weniger ausgeprägten lokalen Eigenschaften und Übergängen zwischen den Jahreszeiten.

Die jährliche **Durchschnittstemperatur** liegt zwischen 3 und 11 °C. Der wärmste Monat ist der Juli und der kälteste ist der Januar. Die jährlichen Durchschnitttemperaturen sind in Serbien um etwa 4 °C höher als in Deutschland, was die Folge der geografischen Lage und des bedeutenden Einflusses des ozeanischen Klimas in Deutschland ist.

Die durchschnittlichen jährlichen **Niederschlagsmengen** wachsen mit der Höhe über dem Meeresspiegel. Der Monat mit den größten Niederschlagsmengen ist der Juni, mit durchschnittlich 12 bis 13 % der gesamten jährlichen Niederschlagsmenge. Am wenigsten Niederschlag gibt es in den Monaten Februar und Oktober.

Schneedecken sind charakteristisch für den kälteren Teil des Jahres, von November bis März, und die größte Anzahl von Tagen mit Schneedecken hat der Monat Januar.

Die jährlichen Summen der **Sonnenscheindauer** liegen im Intervall von 1500 bis 2200 Stunden pro Jahr.

Die charakteristischen **Winde** sind der Košava und der nordwestliche Wind.

1.5 Bevölkerung

Die geschätzte Einwohnerzahl im Jahr 2015 beläuft sich auf etwa 7,2 Millionen. Die durchschnittliche Jahreswachstumsrate im letzten Jahrzehnt war negativ und liegt bei etwa –5 %, was vor allem die Folge der negativen Geburtenbilanz und der Auswanderung der Bevölkerung ins Ausland ist.

Das durchschnittliche Alter der Bevölkerung ist 42,2 Jahre, was Serbien im Weltvergleich in die Gruppe der Länder mit starker demografischer Alterung einreiht.

Im ethnischen Sinne ist Serbien eine multinationale Gemeinschaft. Das meistvertretene Volk sind die Serben mit 83 %. Danach folgen die Ungarn und die Roma. Mehr als sechs Millionen Einwohner oder 84,6 % gehören zur christlich-orthodoxen Glaubensgemeinschaft. Danach folgen die Katholiken mit 5 % und Moslems mit 3 %. Die offizielle Muttersprache ist Serbisch, sie wird von mehr als 90 % der Bevölkerung gesprochen.

Von der Gesamtzahl der Einwohner im Alter von über 15 Jahren haben 48,9 % die Sekundarschule abgeschlossen, jeder sechste Einwohner hat einen Hochschulabschluss. Trotz der ständigen Verbesserung im Laufe der letzten Jahrzehnte ist das durchschnittliche Bildungsniveau der Bevölkerung Serbiens immer noch niedrig und liegt unterhalb des Niveaus der EU-Mitgliedsstaaten.

Die Arbeitslosenquote bei der Bevölkerung im Alter von über 15 Jahren beläuft sich auf 22,4 %, während die Beschäftigungsquote 37 % beträgt. Also gehören fast zwei Drittel der Bevölkerung zu den Kategorien der Arbeitslosen, Rentner und unterhaltenen Personen. Die wirtschaftliche Belastungsquote (Verhältnis der unterhaltenen Bevölkerung zur aktiven Bevölkerung) zeigt, dass es pro 100 wirtschaftlich aktive Personen 76 zu unterhaltene Personen gibt.

Der Migrationsprozess in Serbien ist stark entwickelt, und zwar sowohl die Binnenmigration als auch die Migration ins Ausland. Die Migrationsrate bei den Arbeitslosen liegt bei 41 % und bei den Erwerbstätigen bei 18 %. Das größte Problem der Migration ist die Auswanderung hochgebildeter Arbeitskräfte. Als Beispiel kann man die Abwanderung von Ärzten nennen. Beinahe 1500 Ärzte haben das Land in den letzten zwei Jahren verlassen und es scheint, dass diese Tendenz sich fortsetzen wird. Es wird erwartet, dass in diesem Jahr 1000 bis 2000 von diesen hochgebildeten Arbeitskräften auswandern werden.

Aktuelle wirtschaftliche Situation in Serbien

2

2.1 Bruttoinlandsprodukt

Die erheblichen Änderungen, die in den letzten Jahrzehnten in der ganzen Welt geschahen, hatten in großem Ausmaß auch Auswirkungen auf Serbien. Als Land mit ehemaliger sozialistischer Ordnung musste Serbien unbedingt mit dem Transformationsprozess beginnen, der Höhen und Tiefen mit sich brachte, darunter aber auch bedeutende Reformen und Leistungsverbesserungen.

Wirtschaftsreformen, die in Serbien nach dem Jahr 2000 umgesetzt wurden, führten zum Wachstum von wirtschaftlichen Aktivitäten, allerdings unter ungünstigen Bedingungen: hohe Inflationsrate, hohes Zahlungsbilanzdefizit, hohes Niveau der Staatsschulden und hohe Arbeitslosenrate. Aber dank der Wirtschaftspolitik in den ersten acht Jahren der Reform wurde ein kumulatives Wachstum des Bruttoinlandsproduktes von 55 % erreicht.

Nach dem Ausbruch der Weltwirtschaftskrise in der zweiten Hälfte des Jahres 2008 hat es Serbien nie wieder geschafft, zum nachhaltigen Weg des Wiederaufbaus und Wachstums zurückzukehren, wovon auch die zyklischen Bewegungen des BIP zeugen. Der erste größere Rückgang von 3,1 % wurde 2009 verzeichnet und dann, nach leichten Erholungen, folgten erneut Rückgänge von 1 % im Jahr 2012 und von 1,8 % im Jahr 2014, als Folge der gesunkenen Nachfrage im In- und Ausland, des reduzierten Zuflusses von ausländischem Kapital und der erhöhten Zahlungsunfähigkeit der Wirtschaft. Serbien verzeichnet also die dritte wirtschaftliche Rezession in den letzten 15 Jahren. Der Rückgang wirtschaftlicher Aktivitäten im Jahr 2014 oder genauer gesagt zwei Drittel dieses Rückgangs sind die Folge der

M. Jankovic, H. Brenner, *Die Wirtschaft Serbiens*, essentials,
DOI 10.1007/978-3-658-13413-6_2

Überschwemmungen vom Mai 2014, die zur reduzierten Produktion von Kohle und Strom führten. Es ist wichtig, zu betonen, dass es zur Rezession auch ohne den oben genannten Naturfaktor gekommen wäre, was davon zeugt, dass die wirklichen Ursachen der Rezession tiefer liegen und dadurch auch schwieriger zu beseitigen sind. Davon zeugt die weitere Senkung des BIP im Jahr 2015 um 0,5 %.

Das derzeitige BIP ist immer noch um 2 % niedriger, als es vor dem Ausbruch der Weltwirtschaftskrise war. Dadurch ist Serbien eines der wenigen Transformationsländer, denen es immer noch nicht gelungen ist, zum Produktionsniveau zurückzukehren, das vor der Krise bestand.

Nach makroökonomischen Angaben und Prognosen des IWF für Serbien soll Serbien bis 2020 ein kumulatives Wachstum des BIP von 15,3 % erreichen und, wenn man das Wirtschaftswachstum betrachtet, den 147. Platz in der Liste der Länder nach Bruttoinlandsprodukt einnehmen.

Im Jahr 2015 beläuft sich das Bruttoinlandsprodukt pro Kopf der Bevölkerung in Serbien auf 6.129 USD, wodurch Serbien auf dem 98. Platz der Weltrangliste des BIP pro Kopf steht. Im Vergleich dazu nimmt Deutschland den 15. Platz ein, mit mehr als 44.000 USD Pro-Kopf-Einkommen.

In der Struktur des BIP haben Dienstleistungen den größten Anteil mit über 62 %, danach folgen die Industrie mit mehr als 20 %, die Landwirtschaft mit 11 % und das Bauwesen mit etwa 5 %.

2.2 Lebensstandard

Die Angaben über den Rückgang des BIP und die Rezession deuten darauf hin, dass der Lebensstandard der serbischen Einwohner sich in den letzten Jahren nicht verbessert hat.

Mehr als 95 % des BIP wird für den Endverbrauch genutzt, bzw. für den persönlichen Verbrauch von privaten Haushalten. Hiervon nehmen Lebensmittel und Getränke mit einem Anteil von 28 % den führenden Platz ein, während am wenigsten (1,9 %) für Bildung ausgegeben wird. Interessant ist die Angabe, dass mehr für Sport und Kultur als für Gesundheit ausgegeben wird.

Der durchschnittliche Nettolohn belief sich im Februar 2015 auf 42.749 RSD oder 356 EUR, was um 3,8 % weniger im Vergleich zum selben Zeitraum des Vorjahres ist. Im gesamten Einkommen von privaten Haushalten haben den größten Anteil Einkünfte aus Löhnen mit 50 %, danach folgen Einkünfte aus Renten mit einem hohen Anteil von 34 %.

Die hohe Arbeitslosenquote ist besonders besorgniserregend wegen der Tatsache, dass unter den 760.000 Arbeitslosen hochgebildete Arbeitskräfte einen großen Anteil, sogar 41 %, ausmachen.

Was das Armutsrisiko betrifft, hatte Serbien im Vergleich mit 28 EU-Mitgliedsstaaten die höchste Armutsrisikoquote. Mehr als 42 % bzw. drei Millionen Einwohner Serbiens sind dem Armutsrisiko oder sozialer Ausgrenzung ausgesetzt. Der unterhaltene Teil der Bevölkerung, Kinder unter 18 Jahren, Arbeitslose und Rentner, sind kritische Kategorien in dieser Analyse. Fast eine halbe Million Rentner haben monatliche Einkünfte von weniger als 13.000 RSD oder 108 EUR bzw. 3,33 EUR täglich.

2.3 Investitionen und Finanzmärkte

Das Niveau und die Dynamik der ausländischen Investitionen in Serbien hatten in den letzten zehn Jahren eine ungleichmäßige Entwicklung (Abb. 2.1), was für alle europäischen Transformationsländer charakteristisch ist. So ein Trend ist die Folge des negativen Einflusses der globalen Wirtschaftskrise, der institutionellen Umgebung und der Anlockung von ausländischen Direktinvestitionen durch den Privatisierungsprozess.

Das höchste Investitionsniveau wurde 2006 durch den Verkauf des Mobilfunkanbieters Mobtel an das norwegische Telekommunikationsunternehmen Telenor erreicht – 1602 Mio. EUR. Danach folgen Investitionen der italienischen Banka Intesa mit 1355 Mio. EUR und des russischen Gazprom mit 947 Mio. EUR. Das deutsche

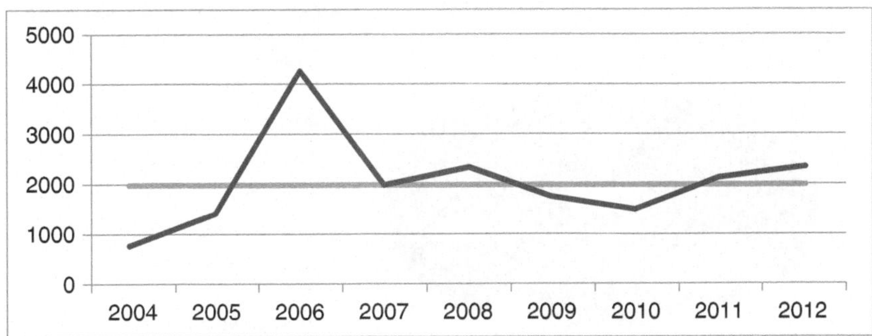

Abb. 2.1 Entwicklung ausländischer Investitionen von 2004 bis 2013 Quelle: http://www.nbs.rs/

Stada-Hemofarm steht an siebter Stelle mit einer Investition von 650 Mio. EUR. Der größte Teil der realisierten Investitionen in diesem Zeitraum bezog sich auf den Dienstleistungssektor oder auf die Übernahme von heimischen Unternehmen.

Der Gesamtbetrag der realisierten Investitionen bis 2013 in Höhe von etwa 15 Milliarden EUR (netto) zeigt, dass Serbien in Bezug auf ausländische Direktinvestitionen deutlich hinter den entwickelten Transformationsländern zurückgeblieben ist. Fast vier Fünftel der realisierten Investitionen stammen aus EU-Ländern, was darauf hindeutet, dass europäische Investoren eine bedeutende Rolle in der bisherigen Praxis hatten.

Investitionen in einzelne Sektoren sind in Abb. 2.2 dargestellt.

Serbien ist aus folgenden Gründen ein interessantes Gebiet für Investitionen:

- Günstige geografische Lage, die Lieferungen an alle Standorte in Europa innerhalb von 24 Stunden ermöglicht
- Möglichkeit der zollfreien Ausfuhr von etwa 4600 Produkten in die USA
- Gut ausgebildete Arbeitskräfte und ein niedriges Lohnniveau
- Günstige Rahmenbedingungen für Firmengründungen (Baugenehmigungen, Erwerb von Eigentumsrechten, Genehmigung für die Nutzung von Naturressourcen u. Ä.)
- Nationale Behandlung von ausländischen Investoren
- Steuerbefreiung für große Investitionen für den Zeitraum von zehn Jahren u. Ä.

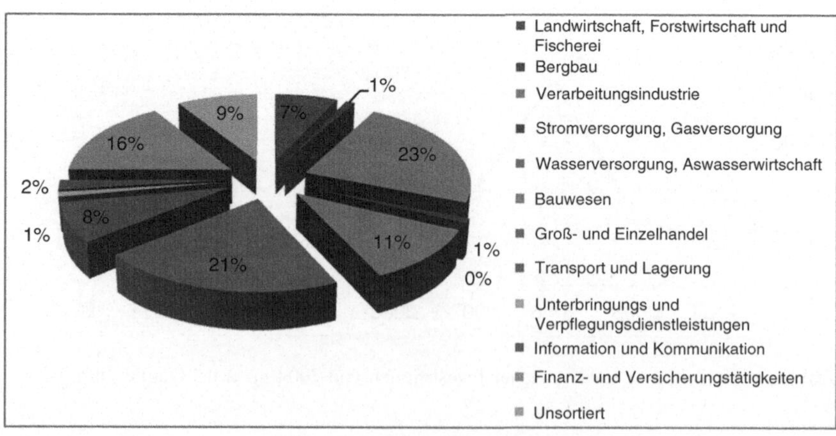

Abb. 2.2 Investitionen in einzelne Sektoren Quelle: http://www.pks.rs/

Serbien besitzt auch elf freie Zonen für die Ausübung aller Tätigkeiten außer Einzelhandel, in welchen zusätzliche Anreize für die Geschäftsabwicklung garantiert sind.

Der **Finanzmarkt** in Serbien ist noch nicht in dem gewünschten Maße entwickelt. Die Anzahl der problematischen Kredite wächst ständig und der Anteil an den Gesamtkrediten lag Ende 2014 bei ca. 23 %.

Neben Banken gehören in Serbien die Pensionsfonds, die Investitionsfonds und Versicherungsgesellschaften zu den stärksten institutionellen Investoren.

2.4 Kreditbeziehungen mit dem Ausland

Im letzten Jahrzehnt hat sich das Niveau der öffentlichen Schulden ständig erhöht und ist im Zeitraum von nur drei Jahren (2012–2015) um 9 Milliarden EUR gestiegen.

Der Schuldenstand des Staates betrug am 31.12.2014 26.030 Mio. EUR bzw. 78,2 % des BIP. Der Anteil der Staatsschulden am Bruttoinlandsprodukt ist in Abb. 2.3 dargestellt.

In der Struktur der Staatsschulden sind mehr als 73 % Euro- und Dollar-Beträge.

Die größten Kreditgeber sind: IBRD-World Bank, Club de Paris und London Club, EIB.

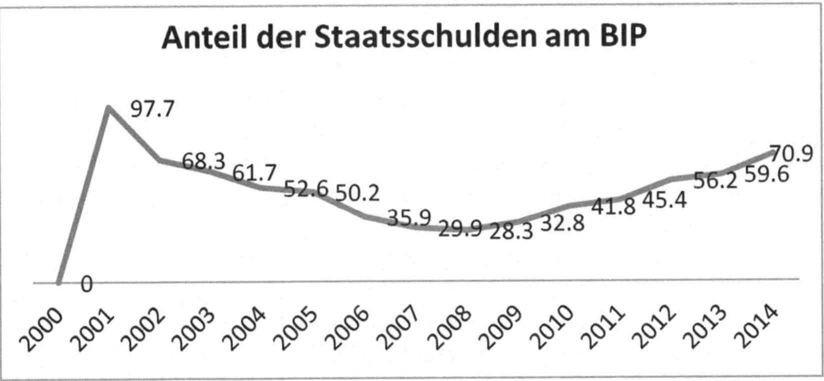

Abb. 2.3 Entwicklung der öffentlichen Schulden Serbiens. *Blaue Linie: Staatsschulden/BIP* Quelle: http://www.javnidug.iio.org.rs/

2.5 Industrie

Zahlreiche politische und wirtschaftliche Probleme führten seit Beginn der 90er-Jahre des vorherigen Jahrhunderts zum drastischen Abstieb der industriellen Produktion in Serbien. Dies führte u. a. dazu, dass der Index der industriellen Produktion im Jahr 2012 weniger als 39 % der Produktionsmenge von 1989 betrug. In keinem anderen europäischen Land war eine derartige negative Entwicklung zu verzeichnen.

Parallel zum Abstieg der Produktionsmenge reduzierte sich auch die Beschäftigtenzahl, die sich im Jahr 2013 gegenüber 2001 mehr als halbierte.

Branchen mit dem größten Anteil am Bruttoinlandsprodukt sind die Metallproduktion, Getränkeherstellung, Produktion von Koks und Erdölderivaten sowie die Produktion von Gummi und anderen nicht metallischen Mineralprodukten.

Bedingt durch eine schlechte technologische Ausstattung der Industrie litt die Wettbewerbsfähigkeit nahezu aller Industriebranchen. Eine Modernisierung der technischen Ausstattung nahezu aller Branchen ist dringend erforderlich. Dies ist eine Notwendigkeit, um den Rückgang der heimischen Wirtschaft aufzuhalten und die Wettbewerbsfähigkeit insbesondere gegenüber benachbarten westeuropäischen Märkten zu steigern.

Der hiermit verbundene Rückgang des Außenhandels wirkt sich in sehr starkem Umfange auch auf die negative Zahlungsbilanz des Landes auf.

Um die institutionelle Situation nachhaltig zu stärken, ist eine umfassende mittelfristig und langfristige Strategie der Reindustrialisierung notwendig.

2.6 Landwirtschaft

Die Landwirtschaft ist ein Wirtschaftszweig mit traditionell hoher Bedeutung innerhalb der serbischen Wirtschaft. Das kann mit der Tatsache erklärt werden, dass Serbien ein bedeutendes Naturpotenzial und gute Klimabedingungen für unterschiedliche Produktionsarten (sowohl Pflanzenanbau als auch Viehzucht) hat sowie erfahrene Erzeuger, gute wissenschaftliche Arbeitskräfte und eine anerkannte Selektion im Pflanzenanbau.

In der Gesamtstruktur der landwirtschaftlichen Produktion im Jahr 2013 nahm der Pflanzenanbau 67,4 % und die Viehzucht 38,1 % ein. Im Vergleich zum Jahr 2012 ist der Index der produzierten Menge in der Landwirtschaft um 21 % gestiegen. Vom Wachstum dieses Wirtschaftssektors zeugen auch die in Tab. 2.1 dargestellten Angaben über die Indizes der landwirtschaftlichen Produktion im Jahr 2014.

Ein besonderes Wachstum verzeichnete die Pflanzenproduktion mit 25 %. Einen hohen Anteil daran haben alle Getreidearten, vor allem Weizen und Mais. Bedeutendes Wachstum wurde auch im Obstanbau und im Weinanbau verzeichnet. Beim

Tab. 2.1 Indices der landwirtschaftlichen Produktion 2014

	Kettenindex Vorjahr = 100	Basisindex 2010 = 100
Landwirtschaft, gesamt	102,0	96,2
Pflanzenanbau	105,6	96,9
Ackerbau	111,8	102,4
Getreide	119,9	109,4
Industriepflanzen	117,8	111,9
Gemüse	83,0	75,8
Futterpflanzen	104,6	88,0
Obstanbau	79,5	73,4
Weinanbau	72,8	70,7
Viehzucht	100,4	101,2
Rinderzucht	99,9	98,1
Schweinezucht	104,8	100,3
Schafzucht	90,8	126,1
Geflügelzucht	100,5	105,8
Bienenzucht	51,2	60,2

Quelle: http://webrzs.stat.gov.rs/

Viehbestand gibt es eine fallende Tendenz oder er bleibt ungefähr auf demselben Niveau.

Kleine landwirtschaftliche Betriebe, die häufig von Familien geführt werden mit einer durchschnittlichen Größe von 2 ha betragen mehr als 50 % aller landwirtschaftlichen Betriebe. Da eine Rentabilität erst ab Betriebsgrößen von 500 bis 700 ha möglich ist, erwirtschaften mehr als 60 % aller landwirtschaftlichen Betriebe Serbiens keine oder nur geringfügige Gewinne.

Die Gründe für die schlechte Wettbewerbsfähigkeit der serbischen Landwirtschaft sind:

- technische und technologische Unterentwicklung, entstanden als Folge des langjährigen Mangels an Investitionen in technische Ausrüstung, ungenügende Anwendung neuer Kenntnisse und Technologien;
- sehr langsame Änderung der Agrarstruktur, in welcher kleine Bauernhöfe dominieren, mit ungenügenden Überschüssen und mit Produkten von unzureichender Qualität;
- sehr ungünstige Altersstruktur auf den Bauernhöfen – Menschen im Alter von mehr als 65 Jahren machen mehr als 67 % der gesamten landwirtschaftlichen Bevölkerung aus.

Die Europäische Union ist der größte Markt von landwirtschaftlichen Produkten aus Serbien. Das Handelsabkommen zwischen EU und Serbien ermöglicht seit 2010 den zollfreien Zugang für serbische landwirtschaftliche Produkte zum EU-Markt. Serbien hat Präferenzen für den Export von bestimmten Produkten wie Wein und Zucker.

Zu den wichtigsten Abnehmern serbischer Produkte zählen neben der EU die CEFTA-Mitgliedsstaaten.

Die Import- und Exportstruktur im Agrarsektor ist in Abb. 2.4 dargestellt.

2.7 Energiewirtschaft

Das Energiewirtschaftssystem der Republik Serbien besteht aus folgenden Sektoren:

- Erdölsektor: Förderung von heimischen Erdöl, Import und Verarbeitung von Erdöl;
- Erdgassektor: Import und Verteilung von Erdgas;
- Kohlesektor: Förderung, Verarbeitung und Verkauf von Kohle;
- Erzeugung von Elektrizität in Wärme- und Wasserkraftwerken;
- Fernheizwerke;
- erneuerbare Energien.

Die serbische Energiewirtschaft hängt zu einem großen Teil von Kohlekraftwerken ab, weil etwa 70 % der Elektrizität aus Kohle erzeugt wird. Der durchschnittliche serbische private Haushalt verbraucht heutzutage so viel Energie wie ein EU-Haushalt in den 60er-Jahren des letzten Jahrhunderts oder 2,5 Mal mehr pro Quadratmeter als nordeuropäische Länder.

Die geschätzten Kohlereserven sollten die Bedürfnisse Serbiens bis Ende dieses Jahrhunderts befriedigen. Das größte Kohlerevier befindet sich im Kosovo mit über 76 % der Kohlereserven. Das größte Wärmekraftwerk Nikola Tesla befindet sich im Gebiet von Zentralserbien.

Das Potenzial der Wasserenergie wird gut genutzt und macht ein Drittel der Stromerzeugung aus. Im serbischen Gebiet gibt es zwölf Wasserkraftwerke mit einer Leistung von 2,83 MW. Das größte Wasserkraftwerk Djerdap wurde an der Donau in Zusammenarbeit zwischen Serbien und Rumänien gebaut. Das restliche Wasserenergiepotenzial kann für den Bau von kleinen und mittleren Wasserkraftwerken genutzt werden.

Der Anteil der aus Erdöl und Erdgas gewonnenen Energie an der gesamten Energieerzeugung beträgt 1 %.

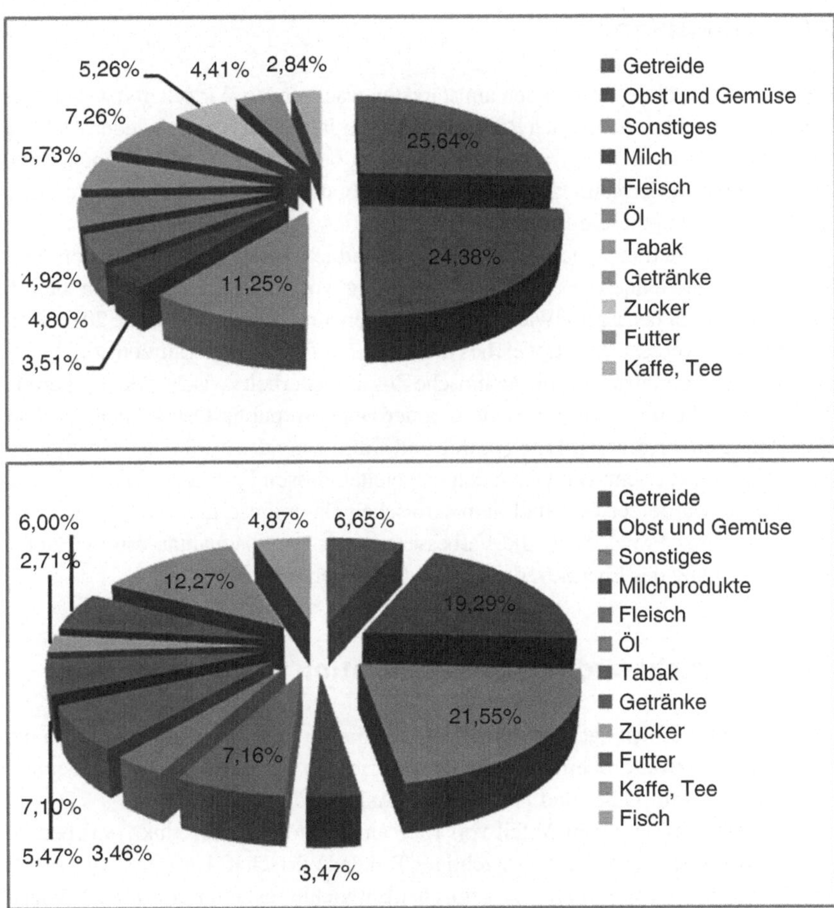

Abb. 2.4 Import- und Exportstruktur Quelle: http://www.pks.rs/

Serbien verfügt über ein überdurchschnittliches hohes Potenzial an erneuerbaren Energiequellen. Insbesondere im Bereich der Biomasse verfügt Serbien über Möglichkeiten, die deutlich über den europäischen Durchschnitt liegen. Die Verfügbarkeit an Sonnenenergie in Verbindung mit den Niederschlagsmengen führen zu einer Produktion von mehr als 16 GJ Energie pro Hektar. Derzeit bleibt diese Energie zum größten Teil ungenutzt, was die direkte Folge des wirtschaftlichen Zustandes in Serbien ist.

2.8 Bausektor

Der Bausektor zählte einst zu den am stärksten wachsenden Wirtschaftszweigen des Landes. Nach einem deutlichen Rückgang bis zum Jahr 2014 ist eine Wiederbelebung bedingt durch staatliche Infrastrukturprojekte zu beobachten. Von den rund 11.530 Unternehmen in Serbien, zählen 13 % zur Baubranche. 11 % aller serbischen Beschäftigten sind in diesem Bereich tätig.

Nach Informationen der Weltbank liegt Serbien im Jahr 2014 auf den 182. Platz, was die Schnelligkeit bei der Erteilung von Baugenehmigungen betraf. Durchschnittlich betrug die Wartezeit für Baugenehmigungen 269 Tage. 2015 wurde ein Gesetz verabschiedet, welches diese Frist auf 28 Tage verkürzen soll.

Durch die Vereinbarung über technische Zusammenarbeit zwischen der Regierung der Republik Serbien und der Regierung der Bundesrepublik Deutschland im Jahr 2008 wurde ein Projekt zur Entwicklung und Umsetzung des Nationalen Programms für die Energieeffizienz von Gebäuden eingeleitet, dessen Ende 2016 erwartet wird. Das Projekt wurde der GIZ und dem serbischen Bauministerium anvertraut. Eines der Ziele dieses Projektes ist die Verbesserung der Energiequalität von Gebäuden und die Senkung des Energieverbrauchs in Gebäuden um 9 % bis 2018.

2.9 Verkehr und Telekommunikation

Die Republik Serbien hat eine günstige geografische Lage. Da Serbien sich an der Kreuzung von zwei großen europäischen Korridoren befindet, ist es ein bedeutendes Transitland für Güter und Personen aus Asien nach Zentraleuropa.

Der Transport hat einen Anteil von 15 % am Bruttoinlandsprodukt, was bedeutet, dass der Transportsektor ein wichtiger Teil der Wirtschaft ist. Der Transport ist natürlich auch ein wesentlicher strategischer Entwicklungsfaktor. Im Bereich Transport sind 6.500 Unternehmen registriert und die Beschäftigtenzahl in diesem Wirtschaftszweig macht 11,2 % der gesamten Beschäftigtenzahl in der Republik Serbien aus.

Vergleicht man die Dichte des Straßennetzes mit der Größe des Landes gibt es in Serbien dreimal weniger Straßen als in der EU. Hinsichtlich der Zahl der Einwohner ist die Länge der Straßen in Serbien 2,5 Mal kleiner als in EU-Ländern. Autobahnen gibt es in Serbien zweimal weniger als im Gebiet der EU, nach beiden Parametern.

Der Personenverkehr über Straßen hat einen Anteil von 92 % in der gesamten Personenbeförderung, während der Gütertransport einen Anteil von 12 % hat. Das Alter des Fuhrparks ist hoch und beträgt im Durchschnitt 15 Jahre.

Der **Eisenbahnverkehr** wird auf 3.809 km Schienennetz abgewickelt. Davon sind etwas weniger als 40 % elektrifiziert, während dieser Satz in der EU 51,7 % beträgt. Eisenbahnstrecken mit doppelten Gleisen machen 7 % des Bahnnetzes aus, was auf einen bedeutenden Rückstand hinter Europa hindeutet, wo dieser Satz 36 % beträgt. Im Dezember 2014 wurde mit dem ersten Projekt zur Modernisierung der serbischen Eisenbahnen auf einer 15 km langen Strecke angefangen, und zwar mit Mitteln aus dem Programm eines russischen staatlichen Kredits in Höhe von 800 Mio. Dollar. Es wird auch geplant, eine zweigleisige Eisenbahnstrecke auf der Route Belgrad-Budapest zu bauen, die 2017 fertiggestellt sein soll.

Die **Schifffahrt** wird auf Binnenwasserstraßen abgewickelt. Das Netz besteht aus zwei internationalen Flüssen (Donau und Save), einem zwischenstaatlichen Fluss (Theiß) und einem Kanalsystem (Kanal Donau-Theiß-Donau) und hat eine Gesamtlänge von 1600 km. In Serbien gibt es zehn internationale Häfen. Davon liegen neun an der Donau und einer an der Theiß.

Der **Luftverkehr** wird über zwei internationale Flughäfen, in Belgrad und in Nis, und über zwei Flughäfen für den inländischen Zivilluftverkehr abgewickelt. Serbien hat eine nationale Fluggesellschaft – Air Serbia –, die direkt zu mehr als 30 Bestimmungsorten weltweit fliegt und über eine Flotte von 19 Flugzeugen verfügt. Dieses Unternehmen hat 2005 auch das IATA-Sicherheitszertifikat erhalten.

Telekommunikation – der Anteil dieses Sektors am BIP betrug 2013 4,85 %.

Von den insgesamt erbrachten Dienstleistungen in diesem Bereich wurde der größte Teil von über 56 % im Bereich der Mobiltelefonie erreicht. Festnetztelefonie hat einen Marktanteil von 20 %. Der Trend der Entwicklung von Investitionen ist proportional zum Anteil der Dienstleistungen in diesem Sektor, was zeigt, dass die größten Beträge in die Mobiltelefonie investiert werden.

Die Digitalisierung des Netzwerks wurde zu 99,69 % durchgeführt, die Internet-Domain ist „rs" und die internationale Telefonvorwahl ist +381.

Auf dem serbischen Markt sind drei Mobilfunkanbieter präsent, während es für das Festnetz mehrere registrierte Betreiber gibt. Im Jahr 2013 gab es in Serbien 221 registrierte Internetanbieter.

2.10 Tourismus und Gastgewerbe

Serbien ist ein Land mit guten kulturellen und natürlichen Ressourcen. Der Tourismus ist daher ein wichtiges Segment der serbischen Wirtschaft und bietet ein sehr großes Potenzial für die weitere Entwicklung des Landes. Der Anteil des Tourismus am BIP Serbien betrug 2014 3 %.

Bergtourismus ist eine der bedeutendsten Ressourcen Serbiens. Es gibt fünf Nationalparks, die zum Europäischen Verband von Nationalparks gehören, sowie 20 Naturparks. Neben den großen Vorteilen für Jagd und Fischerei, Erholung und Extremsportarten haben serbische Gebirge auch viele Dörfer, die ökologische Oasen sind, ohne die Verschmutzungen der gegenwärtigen Zivilisation, mit einem reichen Angebot an gesunden Lebensmitteln.

Kurorte – mehr als 1000 Quellen von warmem und kaltem Mineralwasser und die günstigen klimatischen und geografischen Bedingungen sind gut für die Entwicklung des Kurorttourismus. Mit einer Tradition, die noch auf die Epoche des antiken Rom zurückgeht, verfügt Serbien über 40 Kurorte und 53 Standorte mit thermalen Quellen, die für medizinische Behandlungen und Erholungstourismus gut geeignet sind. Neben Kurorten mit Heilwasser sind auch die Luftkurorte weithin bekannt. Hinsichtlich des Kurortpotenzials gehört Serbien zu den reichsten europäischen Gebieten.

Der **Jagd- und Ökotourismus** ist dank der zahlreichen gut ausgestatteten Jagdreviere für Hochwild und Niederwild im Rahmen von Naturparks und 120 Naturreservaten gut entwickelt.

Ländlicher Tourismus ermöglicht den Aufenthalt in ökologisch reinen Gegenden und trägt zur Aufrechterhaltung des authentischen Dorfmilieus und der traditionellen Sitten bei.

Das **kulturgeschichtliche Erbe** Serbiens ist reich. Es gibt zahlreiche archäologische Fundstätten aus der Antike. Der bedeutendste Teil sind mittelalterliche Kirchen und Klöster. Manche davon sind Weltkulturerbe und stehen unter UNESCO-Schutz.

Ein Ausländer wird sich schnell von der Gastfreundschaft, Offenheit und Freundlichkeit der serbischen Einwohner überzeugen. Das Händeschütteln mit der rechten Hand bei der Vorstellung ist obligatorisch, unabhängig vom Geschlecht. Menschen, die sich nah sind, grüßen einander mit drei Küssen auf die Wangen. In Serbien stößt man am häufigsten mit einem heimischen Schnaps und dem Trinkspruch „Ziveli" (Prost!) an.

2.11 Binnenhandel

Der Handel weist in Serbien eine ähnliche Entwicklung auf, wie in den übrigen europäischen Staaten auch.

Der Binnenhandel hat einen Anteil von 11 % am BIP und 37 % am gesamten realisierten Einkommen. Von der gesamten Beschäftigtenzahl ist ein Anteil von fast 20 % im Handel tätig.

In den letzten 20 Jahren änderte sich das Erscheinungsbild des Handels, besonders des Einzelhandels. Das Bild vom Handel als einfache traditionelle Tätigkeit verschwand, wozu viele Handelsunternehmen beigetragen haben, die im serbischen Gebiet Geschäfte betreiben. Heutzutage ist Handel eine der führenden Tätigkeiten nach der Anwendung von technologischen Innovationen. Datenbanken über Käufer wurden geschaffen, die Identifizierung durch Radiofrequenz eingeleitet und viele Analysen werden gemacht.

Das letzte Jahrzehnt ist durch die Einführung von neuen und modernen Einzelhandelsformaten gekennzeichnet: Großmarkt, Supermarkt und Diskontladen. Große Handelsketten, die im Gebiet Serbiens Geschäfte betreiben, nutzen unterschiedliche Verkaufsformate. Davon sind am bedeutendsten Supermärkte und kleine Supermärkte (eng. *superette*).

Von den insgesamt 44.385 Unternehmen im Handel sind 58 % im Großhandel tätig und 30 % im Einzelhandel. Die Anzahl der Beschäftigten im Großhandel ist prozentual geringer als im Einzelhandel und beträgt 20 %.

Die Gesamtfläche der Verkaufsobjekte beträgt etwas mehr als 11 Mio. Quadratmeter.

Durch die Verabschiedung des Verbraucherschutzgesetzes im Jahr 2014 und des Wettbewerbsschutzgesetzes im Jahr 2013 wurden die rechtlichen Grundlagen für die ungestörte Ausübung dieser Tätigkeit geschaffen. Der Internetverkauf ist auch mit den gesetzlichen Regelungen gedeckt und sein weiteres Wachstum wird erwartet.

Im Zeitraum von 2009 bis 2013 ging der Umsatz im Groß- und Einzelhandel etwas zurück, er hat aber Anfang 2015 wieder ein leichtes Wachstum erfahren.

Anfang 2009 hat die Regierung der Republik Serbien die „Strategie der Entwicklung des Handels in der Republik Serbien" angenommen, in der die Grundrichtlinien für den Handel bis zum EU-Beitritt Serbiens festgelegt sind.

2.12 Zahlungsbilanz

Nach Angaben der Nationalbank Serbiens (NBS) betrug das Zahlungsbilanzdefizit im Jahr 2014 2 Milliarden EUR oder 5,9 % des BIP. Dieses Defizit weist eine leicht rückläufige Tendenz auf, wobei dies insbesondere aus dem Energiesektor resultiert.

Der gesamte Zufluss ausländischer Investitionen belief sich im Jahr 2014 auf 1.236 Mio. EUR, was insbesondere auf Investitionen in die verarbeitende Industrie, in den Finanzsektor und den Handel zurückzuführen ist.

Die Währungsreserven der serbischen Bank beliefen sich Ende Mai 2015 auf 10.545 Mio. EUR, womit eine Deckung mit Geldmasse M1 mit 317 % und etwa sieben Monate Import von Gütern und Dienstleistungen sichergestellt werden.

2.13 Außenhandel

Der gesamte **Güterexport** Serbiens belief sich im Jahr 2014 auf ein Volumen von 11,2 Milliarden EUR mit einer Steigerung von 160 Mio. EUR gegenüber 2013.

Die bedeutendsten Exportprodukte waren Motorfahrzeuge (1,5 Milliarden EUR). Bei rückläufigen Zahlen für den Export von Kraftfahrzeugen erhöhte sich zeitgleich der Export von Komponenten für die Automobilindustrie.

Das größte Wachstum wurde beim Export von Nahrungs- und Landwirtschaftsprodukten erreicht (an erster Stelle Getreide, Fleisch, Obst, Gemüse und Milchprodukte), was das Ergebnis der guten landwirtschaftlichen Saison war, aber auch des erhöhten Exportes nach Russland. Eine Erhöhung wurde auch beim Export von Eisen und Stahl erreicht sowie in der verarbeitenden Industrie (Elektromaschinen und Ausrüstung, Tabak, Papier- und Pappverpackungen, Kleidung und Textilprodukte). Wachstum wurde auch beim Export von Erdölderivaten dank der Modernisierung der Kapazitäten in der Erdölindustrie verzeichnet.

Der größte Exportmarkt, wie in den früheren Jahren, war die EU, in welche im Laufe des Jahres 2014 Exporte i.H.v. 7,2 Milliarden EUR realisiert wurden oder etwa 65 % des gesamten Güterexports. Danach folgen die CEFTA-Länder mit 19 %, Russland mit 6,9 % und andere Märkte mit 9,5 %. Obwohl der größte Außenhandelspartner Serbiens die EU ist, wuchs in den vorherigen Jahren für die überwiegende Anzahl von Produkten der Güterexport nach Russland aufgrund der zollfreien Ausfuhr.

Im Zeitraum von Januar bis April 2015 wuchs der Exportwert um 4 % im Vergleich zu demselben Zeitraum des Vorjahres. Die Exportstruktur ist ähnlich wie im Jahr 2014: Getreide, Obst und Gemüse, Elektrogeräte und Motorfahrzeuge machen 36 % der gesamten Ausfuhren aus. Die Struktur der Exportmärkte ist auch gleich geblieben.

Die gesamten **Importe** im Jahr 2014 waren ähnlich wie 2013 und hatten einen Wert von 15,5 Milliarden EUR. Im Zeitraum von Januar bis April 2015 stiegen die Einfuhren um 6,2 % an.

Den größten Anteil bei Importen haben: Zwischenerzeugnisse mit 31,9 %, Investitionsgüter mit 21,9 % und Energie mit 13,7 %.

Die größten Importe stammen aus EU-Ländern – 63 % –, danach folgen die CEFTA-Länder mit 21 % und die Russische Föderation mit 11,3 %. Im Unterschied zum Export zeigt der Import aus Russland einen bedeutend niedrigeren Grad an Diversifizierung, da ein Viertel der Importe aus Russland sich auf Erdöl und Gas beziehen. Trotz dieser Tatsache reduzierte sich die Energieabhängigkeit Serbiens in den letzten Jahren relativ gut dank den Investitionen in die Erdölindustrie.

In nächster Zeit erwartet man eine weitere Senkung des Güterdefizits aufgrund des weiteren Wachstums der verarbeitenden Industrie, der Erhöhung der Wettbewerbsfähigkeit nach außen und der Erholung der Außenhandelspartner. Die unternommenen Maßnahmen der fiskalischen Konsolidierung im Sinne einer Senkung des Verbrauchs und des Imports von Verbrauchsgütern sollten langfristig zur Verbesserung der Außenhandelsbilanz beitragen. Andererseits könnte der Konflikt zwischen der EU und Russland negative Auswirkungen auf den serbischen Export haben, da beide Partner von zentraler Bedeutung für den Außenhandel sind.

3 Mögliche Entwicklungsrichtungen und mögliche Strategien

3.1 Wirtschaft und Finanzen

Für eine rasche und nachhaltige Verbesserung der wirtschaftlichen Struktur Serbiens, hat das Land die nachfolgenden drei Strategien entwickelt:

1. **Strategie für industrielle Entwicklung bis 2020**
2. **Strategie für Handelsentwicklung**
3. **Strategie für die Förderung ausländischer Investitionen**

1. **Strategie für industrielle Entwicklung bis 2020**
   Das primäre strategische Entwicklungsziel Serbiens ist die nachhaltige und dynamische Entwicklung einer Industrie, die in den einheitlichen Markt der Europäischen Union integriert werden und ihre Wettbewerbsfähigkeit unter den Mitgliedsstaaten behaupten kann. Die Strategie ist mit der EU-Industriepolitik und mit den Zielen der neuen Europa-Strategie 2020 völlig in Einklang gebracht.

   Der Schwerpunkt der Strategie sind Investitionen und Ausfuhren der verarbeitenden Industrie, als entscheidender Wachstumsmotor für das Bruttoinlandsprodukt. Kleine und mittlere Unternehmen sind der wichtigste Motor für Industrie- und Beschäftigungswachstum. Die Strategie unterstreicht die große Bedeutung der Revitalisierung heruntergekommener Industriezentren in Serbien,

M. Jankovic, H. Brenner, *Die Wirtschaft Serbiens*, essentials,
DOI 10.1007/978-3-658-13413-6_3

wobei wissensbasierte Entwicklung und Bildungsreform im Vordergrund stehen.

Die erwarteten Ergebnisse der industriellen Entwicklung im Zeitraum bis 2020 sind:

- verdoppelte industrielle Produktion im Jahr 2020 im Vergleich zum Referenzjahr 2010;
- Steigerung der Arbeitsproduktivität in der Industrie und im Bauwesen um mindestens 50 %;
- Erhöhung des Anteils des Güterexports auf 50 % im BIP;
- durchschnittliches jährliches Investitionswachstum von 10 %;
- erwarteter jährlicher Zufluss an ausländischen Direktinvestitionen i.H.v. 2,35 Milliarden EUR;
- Beschäftigungszuwachs in der verarbeitenden Industrie – 75.000 neue Arbeitsstellen.

Sowohl externe Faktoren als auch Probleme und Faktoren aus der Vergangenheit werden das Industriewachstum Serbiens im genannten Zeitraum stark beeinflussen. Die bestehende industrielle Infrastruktur ist unvollständig und nicht voll ausgebaut. Gemäß internationalen Standards wird die Inflation in Serbien sehr hoch sein. Das Risiko von Defiziten in der Haushalts- und Zahlungsbilanz wird weiterhin bestehen.

In der Strategie werden die folgenden Prioritätssektoren für die Reindustrialisierung genannt: **Sektoren mit komparativen Vorteilen und Sektoren mit Konkurrenzvorteilen.**

Sektoren mit komparativen Vorteilen haben die Aufgabe, die Produktionslücke zu schließen, fiskalische Stabilität zu sichern und Zeit für die industrielle Entwicklung auf Basis von neuen technologischen Plattformen zu schaffen:

- Energiewirtschaft
- Landwirtschaft
- Lebensmittelindustrie und Milchindustrie
- Metallurgie
- Infrastruktur
- Verkehr und Logistik
- Tourismus

Sektoren mit Konkurrenzvorteilen sind die Träger der künftigen industriellen Entwicklung, vor allem auf Basis moderner Technologien. Das sind Sektoren mit dem größten Unterschied zwischen Mehrwert und Kosten:

- Bauwesen
- Metallverarbeitende Industrie
- Pharmaindustrie
- Industrie der Landmaschinen und Transportmittel
- Rüstungsindustrie

Die prioritären Sektoren werden mit dem regulatorischen Rahmen und den Lösungen der EU völlig im Einklang stehen. Die Übereinstimmung der künftigen serbischen Industrie mit der technologischen Plattform der EU ist besonders wichtig. Eine besondere Rolle dabei werden Universitäten sowie wissenschaftliche und Forschungszentren haben.

Diese Strategie soll die Grundlage für die Integration Serbiens in die EU darstellen.

2. **Die Strategie für Handelsentwicklung** umfasst eine Reihe von untereinander verbundenen Teilstrategien, unter denen die folgenden die größte Bedeutung haben:

- *Strategie für regionale Handelsentwicklung*: Diese sollte die Modernisierung des Handels und einen angemessenen Anschluss an europäische Trends ermöglichen, und zwar durch die Bündelung kleinerer Handelsnetzwerke, die optimale Verteilung von Handel in Gebirgsgebieten, sorgfältige Bildung von Mikro- und Makrostandorten in Städten und ihre Verbindung mit der Tourismuswirtschaft.
- *Strategie für die Entwicklung von Shoppingzentren*: Diese umfasst die Modernisierung von bestehenden und den Bau von neuen Shoppingzentren. Dem europäischen Durchschnitt folgend, sollte man in Serbien mehr als 1.700.000 m^2 neue Verkaufskapazitäten bauen, was realistisch ist. Für die Umsetzung dieser Strategie ist es notwendig, einen entsprechenden professionellen Verband zu gründen und eine Reihe von Maßnahmen durchzuführen: Entwicklung der optimalen Größe von Shoppingzentren, Gestaltung eines serviceorientierten Angebots, Entwicklung einer angemessenen Handelspolitik und Entwicklung von ökologischem Bewusstsein.
- *Strategie für die Entwicklung von Messen und Gütermärkten*: Diese sieht die Errichtung eines Koordinationsgremiums für Messen vor, weiter die Errichtung

von Messen mit Konferenzcharakter und den aktiven Anschluss an internationale Trends.

- *Strategie für die Entwicklung des Versicherungs- und Börsenwesens*:
- *Strategie für die Entwicklung des elektronischen Handels*: Diese umfasst die Einführung von Welttrends in den elektronischen Handel, wie z. B. B2B- und B2C-Handelsmodelle. Für die Entwicklung dieser Art von Handel ist es notwendig, Angestellte zu schulen und neue Informationstechnologien einzuführen. Die Kultur der Nutzung von Plastikgeld muss verbessert und Verbraucherschutz im e-Handel angemessen gestaltet werden.

3. Die **Strategie für die Förderung ausländischer Investitionen** hat vor allem die Erhöhung von Exporten zum Ziel, außerdem die Lösung der Frage der Nichtnutzung von bestehenden Kapazitäten und die Maximierung der Wettbewerbsfähigkeit der Wirtschaft. Die Grundvoraussetzung für diese Strategie ist die Existenz eines entsprechenden gesetzgebenden Systems und der entsprechenden Infrastruktur. Die strategischen Ziele für Serbien in diesem Bereich sind die folgenden:

   - Erhöhung des Wertes und der Anzahl von neuen Investitionen in die Industrie und den Sektor des internationalen Dienstleistungsaustauschs sowie Bildung eines guten Rufs Serbiens im Ausland;
   - Anreize und Vergünstigungen für bestehende Investoren;
   - Bau von Industrie- und Technologieparks;
   - Entwicklung von Freihandelszonen;
   - Konzessionen, besonders im Bereich Telekommunikation, Elektrowirtschaft und Wiederverwertung von Rohstoffen;
   - Investitionen in Landwirtschaft, Tourismus, Chemie- und Pharmaindustrie;
   - Aufbau institutioneller Rahmenbedingungen.

3.2 Infrastruktur: Informations- und Kommunikationstechnologien, Energiewirtschaft und Transport

Hier werden insbesondere folgende Entwicklungen priorisiert:

1. **Strategie für die Entwicklung der Energiewirtschaft bis 2025, mit einem Ausblick auf das Jahr 2030**

2. **Strategie für die Entwicklung der Informationsgesellschaft bis 2020**
3. **Strategie für die Entwicklung des Wasserverkehrs bis 2025**

1. Die **Strategie für die Entwicklung der Energiewirtschaft bis 2025, mit einem Ausblick auf das Jahr 2030,** behandelt alle Kernfragen der Entwicklung der Energiewirtschaft als Schlüsselfaktor für das wirtschaftliche Wachstum.

   Für die Bedürfnisse der Planung des Energiewirtschaftssektors sind zwei Szenarien für den finalen Energieverbrauch bis 2020 definiert:

- Das Bezugsszenario, in dem die Fortsetzung der bisherigen Praxis der Energiegewinnung und des Energieverbrauchs vorausgesetzt wird. Dieses Szenario sieht einen um 10 % höheren Energieverbrauch bis 2020 vor.
- Das Szenario mit der Anwendung von Energieeffizienzmaßnahmen, im Einklang mit der Richtlinie 2006/32/EG und den Pflichten aus dem Vertrag zur Gründung der Energiegemeinschaft. In diesem Szenario ist die Erhöhung des Energieverbrauchs um 1 % bis 2020 vorgesehen.

In beiden Szenarien sind die Erhöhung der Nutzung von erneuerbaren Energiequellen im Bruttoendenergieverbrauch auf 27 % bis 2020 und die Änderung der Struktur des Verbrauchs definiert. Es ist interessant, dass der Verbrauch von Elektrizität in beiden Fällen erhöht wird.

Die Hauptprioritäten für die Entwicklung des Energiewirtschaftssektors bis 2020 sind:

- Sicherstellung von Erdöl- und Gasreserven,
- Etablierung des Energiemarktes nach dem Prinzip des Wettbewerbs und der freien Initiative von Energieunternehmen; volle Öffnung und Liberalisierung von Preisen auf dem Strommarkt wird erwartet,
- Änderung der Energieeffizienz, bessere Nutzung von erneuerbaren Energiequellen, Umweltschutz und weniger Auswirkungen auf Klimaänderungen.

Die Hauptaktivitäten des Energiewirtschaftssektors sind die Rekonstruktion von Wärmekraftwerken im Einklang mit der Richtlinie über Großfeuerungsanlagen und der Bau von neuen Wärmekraftwerk-Potenzialen mit einer Leistung von 700 MW bis 2025. Geplant wird auch der Bau eines Wasserkraftwerks und eines Blockheizkraftwerks, das mit Naturgas betrieben werden soll, mit einer Leistung von 450 MW.

Erneuerbare Energiequellen sind ein Sondersegment in der Entwicklung der Energiewirtschaft bis 2020. Die Republik Serbien hat die Pflicht übernommen, den aus Naturquellen gewonnenen Strom zu fördern, im Einklang mit der europäischen Richtlinie 2009/28/EG. Es wurde vorgesehen, dass größere Kapazitäten für die Erzeugung erneuerbarer Energie installiert werden, deren Leistung im Jahr 2020 vervierfacht sein wird.

Die Herausforderungen, die in dieser Strategie berücksichtigt werden, beziehen sich auf die Senkung von SO_2-Emissionen und die Erhöhung der Energieeffizienz. Die Indikatoren des Energieverbrauchs im Verhältnis zum BIP in Serbien liegen weit unter den durchschnittlichen EU-Werten. Die Erfahrungen von entwickelten Ländern zeigen, dass für das Wachstum der Energieeffizienz die Unterstützung des Staates notwendig ist, was den Aufbau des entsprechenden gesetzlichen Rahmens erfordert.

2. **Strategie für die Entwicklung der Informationsgesellschaft bis 2020**
Was den Entwicklungsgrad der e-Verwaltung und die Anzahl der Internetanschlüsse betrifft, liegt Serbien unter dem europäischen Durchschnitt.

Das **Ziel der Strategie** ist es, den Durchschnitt des Entwicklungsgrades von Informationsgesellschaften bis 2020 zu erreichen.

Bereiche, die mit dieser Strategie gedeckt werden sollten, sind: elektronische Kommunikation, e-Verwaltung, e-Gesundheit und e-Justizwesen, IT in Bildung, Wissenschaft und Kultur, e-Handel, IT in der Wirtschaft, Informationssicherheit.

Bei der e-Kommunikation erwartet man die Einführung des offenen Breitbandzuganges und der entsprechenden Kommunikation und Information im öffentlichen Sektor. Die Digitalisierung des Rundfunks und des Fernsehsignals begann im Juni 2015.

Bis 2020 werden alle Kontakte zwischen den Bürgern und dem öffentlichen Sektor auf elektronischem Wege abgewickelt werden.

Alle Einrichtungen im Bereich Bildung, Wissenschaft und Kultur sollten bis 2020 einen Breitbandzugang der neuen Generation erhalten. Die Erhöhung des e-Handels in allen Formen ist vorgesehen, vor allem bei der B2B-Kommunikation (heutzutage werden mehr als 30 % der geschäftlichen Kommunikation auf diese Art und Weise abgewickelt), weiter die Einführung von e-Konten, e-Zahlungen, *Cloud Computing* und e-Geschäften mittels Handys, die Einführung des WICT in kleinen und mittleren Unternehmen und auch Verbraucherschutz im e-Handel.

Es ist notwendig, Personalressourcen, Start-ups und innovative Unternehmen zu entwickeln. Der Schutz von digitalen Inhalten und von geistigem Eigentum (Software und digitale Inhalte) muss sichergestellt werden.

Die Informationssicherheit muss bis 2020 vorangetrieben werden, was die Entwicklung aller ihrer wichtigsten Aspekte umfasst.

3. **Strategie für die Entwicklung des Wasserverkehrs bis 2025**
Die Verbesserung des Korridors Rhein-Donau, der durch Serbien verläuft, gehört zu den bedeutenden Infrastrukturprojekten der EU bis 2025. Zusammen mit anderen Korridoren wird dieser zur Achse für die Entwicklung des Verkehrs innerhalb des einheitlichen europäischen Marktes und wird bedeutende Möglichkeiten für die Entwicklung des Wasserverkehrs Serbiens eröffnen.

In der Strategie wird eine Erhöhung des Binnenwasserverkehrs um 30 % im Vergleich zu 2014 vorgesehen. Dies würde zur Bewahrung und Modernisierung der nationalen Flotte, zur Einführung von ökologischen Standards und zur Erhöhung der Profitabilität und Produktivität von heimischen Unternehmen führen. In der Strategie sind auch die Entwicklung von schiffbaren Straßen im Einklang mit EU-Standards, die Sicherheit der Schifffahrt und die berufliche Fortbildung von Reedern vorgesehen. Mit der Politik der Subventionen könnte Serbien den privaten Sektor anreizen, in die Entwicklung des Containerservices für Import- und Exportgeschäfte zu investieren, was das Umsatzvolumen bedeutend erhöhen würde.

Diese Strategie betont die Bedeutung des Hafens Konstanza am Schwarzen Meer, der die Verbindung des serbischen Marktes für Agrar- und Nahrungsprodukte zum russischen Markt erleichtern soll.

In der Strategie ist eine Investition von 30–40 Mio. EUR vorgesehen, und zwar für die Entwicklung der Flussflotte und ihre Modernisierung, die Entwicklung des serbischen Wasserclusters und die Aktivierung von Werften.

3.3 Landwirtschaft, Forstwirtschaft und Umwelt

Die bedeutendsten Strategien im Rahmen dieses Sektors sind:

1. **Strategie für die Entwicklung der Landwirtschaft bis 2024**
2. **Strategie für Abfallwirtschaft bis 2019**
3. **Strategie für die Entwicklung der Forstwirtschaft**

1. **Strategie für die Entwicklung der Landwirtschaft bis 2024**
Die beschleunigte Industrialisierung nach dem Zweiten Weltkrieg führte zur beschleunigten Auswanderung der ländlichen Bevölkerung und zum Rückstand serbischer Dörfer. Die Infrastruktur in Dörfern ist veraltet, technisch rückstän-

dig, ohne entsprechende Schul- und Gesundheitseinrichtungen. Naturressourcen sind ungenutzt, Land wird immer weniger bearbeitet und der Altersstruktur nach sind Haushalte hauptsächlich alt. Die Ergebnisse des primären Sektors der Landwirtschaft sind immer noch dominant. Mit Rücksicht auf die Tatsachen, dass Dörfer 85 % des serbischen Territoriums einnehmen und dass Landwirtschaft eine traditionelle Bedeutung für die Entwicklung Serbiens und einen großen Anteil am BIP hat, wurde die Strategie für die Entwicklung der Landwirtschaft als eine der bedeutendsten Strategien beschlossen.

Die **Hauptziele** dieser Strategie sind wie folgt:

- Wachstum der Produktion und Stabilität des Einkommens der Hersteller, wofür eine wettbewerbsfähige und wirtschaftlich effiziente Landwirtschaft notwendig ist.
- Steigerung der Wettbewerbsfähigkeit und angemessene Positionierung auf dem serbischen und europäischen Markt.
- Nachhaltige Nutzung von verfügbaren Naturressourcen, wofür eine neue Politik zur Unterstützung der Landwirtschaft nötig ist, wobei die Multifunktionalität der Landwirtschaft berücksichtigt werden muss.
- Förderung der Lebensqualität der ländlichen Bevölkerung, Verringerung der Degradierung der ländlichen Gebiete, Erhöhung des Anteils an der Einkommensverteilung und Verbesserung der Stellung von ländlichen Gegenden in der Gesellschaft.
- Effiziente Steuerung von Entwicklungspolitiken und Schaffung des institutionellen Rahmens.
- **Entwicklung der Viehzucht** durch die Modernisierung dieses Landwirtschaftszweiges, durch die Erhöhung des Viehbestandes und die Gründung von kleinen und mittleren Unternehmen in diesem Bereich.
- **Entwicklung des Obstanbaus** durch den intensiven Anbau moderner Sorten unter Anwendung von modernen Anbautechnologien.
- **Entwicklung des Weinanbaus,** vor allem durch die Modernisierung von Sorten und des Anbaus sowie durch die Aufbewahrung von autochthonen Sorten. Es ist notwendig, dass ein Weinregister erstellt und die Anbaumenge erhöht wird.
- **Entwicklung des Acker- und Gemüseanbaus** durch die Anwendung von modernsten agrartechnischen Maßnahmen, durch den Bau neuer Bewässerungssysteme und durch die Anwendung von Computertechnologie in der Produktion.
- **Lebensmittelindustrie.** In diesem Segment muss Serbien die Lebensmittelverarbeitung auf ein höheres Niveau bringen bzw. bis auf die Finalisierung

der Produktion. Es ist notwendig, dass alle führenden Weltstandards in dieser Produktionsart eingeführt werden. Die Qualität der Arbeitskräfte muss verbessert und auch die Produktion muss modernisiert werden.
- **Entwicklung von Genossenschaften,** wofür die Zusammenarbeit aller Institutionen mit dem Staat und die Verabschiedung entsprechender Gesetze notwendig sind.
- **Weiterentwicklung des ländlichen Tourismus.**

Für die Entwicklung der Strategie für die Landwirtschaft wurde ein Haushaltsplan für den Zeitraum 2014–2024 erarbeitet.

Bis 2016 werden die Angleichung der nationalen an die EU-Gesetzgebung und die Reform von Institutionen erwartet.

2. **Strategie für Abfallwirtschaft bis 2019**

Die Strategie basiert auf Projektionen von Änderungen der Einwohnerzahl, des Lebensstandards und der davon abhängigen Abfallmengen bis 2020. Es wird erwartet, dass Industrieabfälle sich bis zum oben genannten Jahr verdoppeln werden und dass die Menge der nicht gefährlichen Abfälle um 4 % jährlich wachsen und 1,1 Mio. Tonnen jährlich betragen wird.

In der Strategie ist die Behandlung von unterschiedlichen Abfallarten auf dem Territorium der Republik Serbien festgelegt, mit dem Hauptziel, ein allumfassendes System für Abfallbewirtschaftung im Einklang mit dem nationalen und europäischen System zu schaffen.

Die **Ziele der Strategie** sind wie folgt definiert:

- Verringerung der entstehenden Abfallmengen
- Verringerung der Abfallmengen, die auf Deponien abgelagert werden
- Verringerung des Anteils des biologisch abbaubaren Abfalls in kommunalen Abfällen
- Verringerung des negativen Einflusses des Abfalls auf Umwelt, Klima und Gesundheit
- Behandlung des nationalen Abfalls im Einklang mit den Prinzipien für nachhaltige Entwicklung

Kurzfristig sind alle lokalen Selbstverwaltungen verpflichtet, lokale und regionale Pläne für Abfallbewirtschaftung zu erstellen. Langfristig gesehen, sind die Ausrichtung auf die Wiederverwertung von Abfall und die Fertigstellung des Baus von regionalen Zentren für die Verwertung des kommunalen Abfalls in allen Regionen notwendig.

Die Gesetzgebung ist bereits größtenteils an die Grundprinzipien für Abfallbewirtschaftung der EU-Gesetzgebung angepasst.

3. **Strategie für die Entwicklung der Forstwirtschaft**
Die gesamte Fläche der Wälder in Serbien ist kleiner als der europäische Durchschnitt. Öffentliche Unternehmen bewirtschaften 54 % der Waldflächen, während andere Flächen von privaten Eigentümern bewirtschaftet werden. Der allgemeine Zustand der Wälder ist unbefriedigend: ungünstige Altersstruktur, ungünstige Erneuerung des Waldbestandes und unzufriedenstellende Bewaldung von Flächen. Deswegen wurde die Strategie für die Entwicklung der Forstwirtschaft 2006 angenommen.

Der **Zweck der Strategie** ist die Bestimmung der grundlegenden Entwicklungsziele im Forstsektor und der dazugehörigen Maßnahmen.

Die **Grundprinzipien dieser Strategie** sind:

- Nachhaltigkeit in der Entwicklung der Wälder und der Forstwirtschaft
- Multifunktionalität der Wälder
- Ländliche Entwicklung und Wälder
- Beziehung zwischen Forstwirtschaft und Öffentlichkeit
- Erhöhung der Waldflächen und der Produktivität der Wälder
- Bewirtschaftung von Wäldern im Einklang mit allgemeinen Entwicklungszielen
- Bewahrung des gesundheitlichen Zustandes der Wälder und Umweltbeeinflussung
- Erfüllung von internationalen Pflichten und Vereinbarungen

Für die Umsetzung dieser Strategie ist eine Unterstützung notwendig, deren Kernelemente u. a. sind:

- Investitionen in diesen Sektor
- Reform der Gesetzgebung und internationale Zusammenarbeit

3.4 Beschäftigung, Sozialfragen und Gesundheitswesen

<u>Die bedeutendsten Strategien im Rahmen dieser Sektoren sind:</u>

1. **Beschäftigungsstrategie bis 2020**
2. **Strategie für Gesundheitsschutz**
3. **Strategie für Armutsminderung und soziale Eingliederung bis 2020**

1. **Beschäftigungsstrategie bis 2020**
   Das Ziel der Nationalen Beschäftigungsstrategie für den Zeitraum 2011–2020 ist es, die Entwicklung der Republik Serbien zu unterstützen, da Beschäftigung und Armutsminderung im folgenden Zeitraum von zentraler Bedeutung sein werden. Im Fokus der Strategie stehen diejenigen Sektoren, die investitions- und exportorientiert sind.

   Es ist geplant, die Anzahl der Beschäftigten in der Industrie im vorgesehenen Zeitraum um 170.000 Personen zu erhöhen. Andererseits wird die Beschäftigung in der Landwirtschaft stagnieren.

   Ziele dieser Strategie sind:

   - **Erhöhung der Beschäftigungsquote** als Hauptziel der Beschäftigungspolitik; das Endziel ist effizientes und stabiles Beschäftigungswachstum
   - **Förderung der Beschäftigung in unterentwickelten Regionen**
   - **Entwicklung von regionalen und lokalen Beschäftigungspolitiken**
   - **Förderung der Qualität des Humankapitals**
   - **Entwicklung institutioneller Kapazitäten**
   - **Gleiche Möglichkeiten für alle auf dem Arbeitsmarkt**

2. **Strategie für Gesundheitsschutz**
   Die Gesundheitssicherung in Serbien hat eine hundertjährige Tradition. Aber ihre heutige Rolle ist stark vermindert und reduziert auf das Niveau administrativer Geschäfte. Deswegen ist es notwendig, ein System für Gesundheitsschutz und Gesundheitspolitik zu etablieren, im Einklang mit den Bedürfnissen des Volkes, der Tradition der Erhaltung von Gesundheit und den allgemein akzeptierten internationalen Werten.

3. **Strategie für Armutsminderung und soziale Eingliederung bis 2020**
   Nach Angaben der SILC-Forschung sind 42,1 % der serbischen Bevölkerung dem Armutsrisiko und der sozialen Ausgrenzung ausgesetzt. Der GINI-Koeffizient als Maßeinheit der Ungleichheit des Einkommens ist in Serbien viel größer als im EU-Durchschnitt.

   Mit Rücksicht auf das oben Genannte und darauf, dass Serbien ein potenzieller EU-Mitgliedsstaat ist, hat in Serbien im September 2013 der Prozess der Ausarbeitung des Programms für die Reform der Beschäftigungspolitik und der sozialen Politik (ESPR) begonnen. Die Anwendung des ESPR wird ein strategischer Prozess sein, strukturiert nach dem Modell der Strategie Europa 2020, die von Mitgliedsstaaten und Kandidatenländern angewendet wird.

Für die Annäherung Serbiens an die Ziele der Strategie Europa 2020 im Bereich Armutsminderung und soziale Eingliederung sind zahlreiche Empfehlungen gegeben und eine Vielzahl von Zielen festgelegt worden.

3.5 Bildung und Wissenschaft, Jugendliche und Sport

Im Rahmen dieser Sektoren werden folgende Strategien vorgestellt:

1. **Strategie für Bildungsentwicklung bis 2020**
2. **Strategie für Sportentwicklung bis 2018**

1. Die **Strategie für Bildungsentwicklung bis 2020** beschäftigt sich mit dem Versuch, die Entwicklung dieses Systems auf optionale Weise zu gestalten. Serbien benötigt eine organisierte und hochwertige Entwicklung des Bildungssystems als Schlüsselfaktor für seine wirtschaftliche Entwicklung.

   Hierbei sollen insbesondere Verbesserungen der

   - Grundschulbildung,
   - Mittelschulbildung und
   - Hochschulausbildung

   berücksichtigt werden.

2. Strategie für Sportentwicklung bis 2018

   Die Republik Serbien gilt heute weltweit als Land mit Spitzenerrungenschaften im Sport, aber die Ergebnisse können noch viel besser werden. Und gerade diese Strategie hat zum Ziel, die Ziele und Prioritäten klar zu definieren, die verwirklicht sein sollten, um die Bedingungen für die Erreichung noch besserer Ergebnisse sowohl auf nationaler als auch auf internationaler Ebene zu schaffen.

   Die erwarteten **Ergebnisse dieser Strategie** sind:

   - Erhöhung des Anteils an körperlichen Übungen von Kindern und Jugendlichen im Schulalter
   - Erhöhung des Anteils der Bürger Serbiens, die an körperlichen Übungen teilnehmen
   - Erhöhung der Anzahl von Sportorganisationen und Sportlern, die an internationalen Wettbewerben teilnehmen
   - Förderung und Verbesserung der bestehenden sportlichen Infrastruktur

3.6 Öffentliche Verwaltung, Justizwesen und Menschenrechte

Strategie für die Reform der Justiz

Das Ziel dieser Strategie ist: *Verbesserung der Qualität und Effizienz der Justiz, Stärkung der Unabhängigkeit und Verantwortlichkeit der Justiz zur Stärkung der Rechtsstaatlichkeit, der Demokratie und der Rechtssicherheit, Annäherung der Gerechtigkeit an die Bürger und Wiederherstellung von Vertrauen in das Justizwesen.*

Außenpolitik

Die Republik Serbien unterzeichnete am 29. April 2008 das Stabilisierungs- und Assoziierungsabkommen (SAA) mit der Europäischen Union und dieses trat am 1. September 2013 in Kraft. Mit diesem Abkommen sind die Republik Serbien und die Europäische Union zum ersten Mal eine Phase von Beziehungen eingegangen, die in diesem allumfassenden Abkommen geregelt ist und mit der die Perspektive der serbischen EU-Mitgliedschaft bestätigt wurde.

Die Republik Serbien hat den Antrag auf Mitgliedschaft in der Europäischen Union am 22. Dezember 2009 gestellt. Der Europäische Rat hat am 1. März 2012 den Beschluss gefasst, mit dem Serbien den Status eines Kandidatenlandes erhalten hat, und am 28. Juni 2013 hat der Europäische Rat beschlossen, die Beitrittsverhandlungen zu eröffnen.

Zur Verfolgung der Umsetzung des Stabilisierungs- und Assoziierungsabkommens zwischen Serbien und der EU wurden die folgenden Gremien errichtet: Rat für Stabilisierung und Assoziierung, der für die Erörterung der wichtigsten Fragen zuständig ist, die sich auf die Umsetzung des SAA beziehen, und der Ausschuss für Stabilisierung und Assoziierung, der für die Lösung von spezifischen Fragen zuständig ist, die sich auf die Anwendung des SAA beziehen.

Die EU erwartet von der Republik Serbien die vollständige Umsetzung von Kernreformen und Gesetzen, besonders im Bereich Justizreform, Kampf gegen Korruption und organisierte Kriminalität, Reform der öffentlichen Verwaltung, Unabhängigkeit von Institutionen, Medienreform, Antidiskriminierung und Minderheitenschutz.

4 Beispiel eines erfolgreichen deutschen Unternehmens in Serbien und weitere Entwicklungsrichtungen der Zusammenarbeit mit der deutschen Wirtschaft

Das Unternehmen „**JIE Engineering**" wurde im September 2010 in Belgrad als Partnerunternehmen der deutschen Firma „imp GmbH" gegründet, dessen Sitz sich in Halle an der Saale befindet. Das Unternehmen ist zu 100 % in deutschem Eigentum. Es ist Mitglied der Deutsch-Serbischen Wirtschaftsvereinigung im Rahmen der Deutschen Auslandshandelskammer in Serbien.

Das Mutterunternehmen ist auf Geodatenservice (GIS-Service, Ingenieurvermessung, 3D-Engineering, Trassierung, Statik und Projektierung) spezialisiert und beschäftigt ca. 350 Personen.

Das Unternehmen hat bei der Abwicklung zahlreicher Projekte in ganz Europa mitgewirkt. In den meisten Fällen sind die Nutzer dieser Dienstleistungen große Energieunternehmen, für die Fernleitungen in einer Länge bis zu einigen Tausend Kilometern geplant werden und der gesamte Prozess von der Planung über die Aufsicht bis zur Dokumentationserstellung für den ausgeführten Zustand begleitet wird.

Andere große Nutzer sind Kommunalunternehmen in deutschen Großstädten wie Hamburg, München, Berlin, Bremen usw. Die Projekte sind sehr komplex und fordern langzeitiges, manchmal sogar mehrjähriges Engagement.

Die **Geschäftsführerin und Miteigentümerin** des Unternehmens „JIE Engineering" in Serbien ist Frau Jordanka Belić, Vermessungsingenieurin, Expertin für Gasleitungen und eine der Teilnehmerinnen bei der Planung der Ostsee-Pipeline. Nachdem sie ihr Diplom in der Abteilung für Geodäsie der Fakultät für Bauwesen in Belgrad erlangt hatte, wurde ihr an der Universität eine Assistentinnenstelle angeboten.

M. Jankovic, H. Brenner, *Die Wirtschaft Serbiens*, essentials,
DOI 10.1007/978-3-658-13413-6_4

Ihre Geschäftskarriere in Deutschland begann sie 1996 als Vermessungsingenieurin im Unternehmen „Zeichentechnik Kosenbaum" aus Essen. Zu Beginn des Jahres 2001 wechselte sie in das Unternehmen „Blank GmbH", das auf die Planung und Dokumentation des Istzustands von Optikkabel- und Gasleitungsnetzen spezialisiert ist. Dieses Unternehmen wurde später von der „imp Holding GmbH" gekauft. Frau Belić wurde kurz darauf Leiterin der gesamten Abteilung für elektronische Datenverarbeitung und passte sich schnell an die geschäftlichen Herausforderungen und Anforderungen neuer Technologien an.

Eines der bedeutendsten Projekte, bei denen Frau Belić engagiert war, ist die Ostsee-Pipeline, die gleichzeitig auch eines der wichtigsten Projekte im Bereich Gasversorgung in der Geschichte darstellt. Für einen 160 km langen Arm der Ostsee-Pipeline führte das Unternehmen feine und grobe Trassierung aus, weiter alle benötigten geodätischen Angaben und Messungen, die Expropriation des Bodens und die Dokumentation des ausgeführten Zustands im GIS. Interessant ist die Information, dass ein Teil der Trasse unter der Nordsee verlief. An diesem Projekt arbeiteten fünf bis sechs Büros, vor Ort waren mehr als 2.500 Arbeiter engagiert. Für die Bedeutung dieses Projekts spricht auch die Tatsache, dass es ein Drittel des deutschen Bedarfs an Gas deckt.

Der **Globalisierungsprozess** hat auch den Bereich der Geodäsie nicht verschont. Die Konkurrenz des Unternehmens „imp GmbH" begann schon in den 90er-Jahren, Geschäftszweige im Ausland zu eröffnen und einen Teil der Arbeiten, wie zum Beispiel massenhafte Datenverarbeitung, ins Ausland zu verlegen. Das ist einer der Hauptgründe, warum sich das Unternehmen dazu entschloss, ein Büro in Serbien zu gründen. Ein zweiter Grund war der angekündigte Auftritt von großen Energieunternehmen in Serbien sowie die Ankündigung großer Infrastrukturprojekte in Serbien. Der Wunsch des Unternehmens war es, das Know-how im Mutterunternehmen zu behalten und durch Investitionen in neue Märkte den Transfer von Wissen und neuen Technologien durchzuführen. Der große Vorteil und die Chancen des Unternehmens sind Daten. Die Absicht des Geschäftszweiges in Serbien ist es, neben Serbien auch das Territorium Südosteuropas abzudecken.

Auch nach fünf Jahren Existenz in Serbien realisiert das Unternehmen weiterhin Projekte ausschließlich im Ausland, vor allem für den deutschen Markt. Bis jetzt wurden nur zwei kleinere Projekte in Serbien realisiert, beide für ausländische Unternehmen. Der Grund dafür ist, dass die Vorbereitung von Infrastrukturprojekten in Serbien nicht die Methoden einschließt, die in Europa schon angewendet werden – von der Dokumentation der Trassen bis zur Datenerarbeitung. Das ist auch der grundsätzliche Unterschied zwischen dem Unternehmen „JIE Engineering" und anderen serbischen Unternehmen, die sich mit Geodäsie beschäftigen. Der größte Teil der geodätischen Aufnahmen vor Ort wird immer noch von serbischen Unternehmen durchgeführt. Die Geodäsie im Westen hat sich in den letzten 20

Jahren verändert. Im Westen gilt zum Beispiel die ungeschriebene Regel, dass jede Trasse, deren Länge 20 km überschreitet, mit einem Laser aus einem Hubschrauber gescannt werden muss (LIDAR). Auf diese Weise werden die Daten vom Gelände schneller, ökonomischer und effizienter gesammelt. Solche Methoden der Datenerhebung und -verarbeitung sind in Serbien jedoch noch nicht Teil der Praxis.

Die Gesetze in diesem Bereich sind noch nicht mit europäischen Richtlinien in Einklang gebracht worden und verlangsamen den Änderungsprozess. Ein Vergleich z. B. der öffentlichen Auftragsvergabe in Serbien und in Deutschland weist auf einen bedeutenden Unterschied hin: Der technische Teil, bzw. die Leistungsbeschreibung, macht in Serbien 5 % des Inhalts der Ausschreibung aus, während in Deutschland dieser Teil 95 % ausmacht.

Der serbische Markt wird ungeachtet der jetzigen Situation trotzdem als außerordentlich interessant eingeschätzt, weil in der Zukunft hier sicherlich große Infrastrukturprojekte durchgeführt werden sollen. In dem Maße, in dem sich Serbien der EU nähert, werden Standards eingeführt werden, die westlichen Normen ähnlich sind, was auch eine verstärkte Anfrage nach Serviceleistungen dieser Art mit sich bringen wird. Dies war schon auf den Märkten Tschechiens, Ungarns und Polens der Fall. Die Energiewirtschaftsstrategie der Republik Serbien sieht bis zum Jahr 2030 zahlreiche bedeutende Projekte im Bereich Kapazitätenausbau für Stromübertragung sowie Modernisierung von Elektro- und Gasstrukturen vor und das Unternehmen „JIE Engineering“ erkennt in ihnen seine potenzielle Chance.

Eine ähnliche Situation herrscht auch im Bereich erneuerbare Energiequellen. Aufgrund von Vorschriften, die bis zum Jahr 2022 in Deutschland die Abschaffung von Atomkraftwerken vorsehen, werden erneuerbare Energiequellen immer höher geschätzt. Somit wird sich das Bedürfnis nach der Planung von Übertragungssystemen für Solar-, Wind- und Biomasseanlagen verstärken. Das deutsche Mutterunternehmen engagiert das Unternehmen „JIE Engineering“ für viele Arbeiten in diesem Bereich. In Anbetracht der immer häufigeren Ankündigungen von Investitionen in diesen Bereich in Serbien wird auch dieses Land den Weg gehen, den die Länder der Umgebung schon hinter sich haben.

Das Unternehmen „JIE Engineering“ beschäftigt derzeit 16 Personen aus unterschiedlichen Berufen, vor allem junge Menschen im Alter von 25–30 Jahren. Das Personal ist eines der größten Potenziale dieses Unternehmens. Durch angemessene Auswahl, gegenseitige Unterstützung und Respekt wird kontinuierliche Weiterbildung sichergestellt und das Personal wird, je nach Bedürfnissen für einzelne Projekte, zur Ausbildung nach Deutschland geschickt.

Die nähere Zukunft wird vermutlich keine größeren Veränderungen für dieses Unternehmen auf dem serbischen Markt mit sich bringen, besonders wenn die Situation gleich bleibt.

Literatur

Arsić, M., Gligorić, M., Nenadović, A., Pejić, M.,Žarković-Rakić, M., Randjelović, S., & Tanasković, S. (2014). *Kvartalni monitor br. 39 (Vierteljährliches Monitoring Nr. 39)*. Belgrad: Stiftung für die Entwicklung der Wirtschaftswissenschafen (FREN). http://www.fren.org.rs/qm. Zugegriffen am 15.07.2015.

Amtsblatt der Republik Serbien, 55/05, 71/05, 101/07, 65/08,16/11, Strategija i politika razvoja industrije Republike Srbije od 2011.do 2020.godine *(Strategie und Politik zur Entwicklung der Industrie der Republik Serbien von 2011 bis 2020)*. Belgrad, JP „Službeni glasnik". Zugegriffen am 10.07.2015.

Amtsblatt der Republik Serbien, 71/13, Nacionalna strategija reforme pravosudja za period 2013–2018. godina *(Nationale Strategie zur Reform des Justizwesens für den Zeitraum 2013–2018), 2014*, Belgrad, JP „Službeni glasnik". Zugegriffen am 01.08.2015.

Brnabić, A. Energetika i klimatska politika Srbije – kritički osvrt (Energiewirtschaft und Klimapolitik Serbiens – kritischer Überblick). http://www.naled-serbia.org/blogs/41/Energetika-i-klimatska-politika-Srbije:-Kriticki-osvrt. Zugegriffen am 29.06.15.

Finanzministerium der Republik Serbien. (2014). *Bilten javnih finansija Decembar 2014, (Mitteilungsblatt zu Öffentlichen Finanzen Dezember 2014)*. Belgrad. http://www.mfin.gov.rs/. Zugegriffen am 05.06.15.

Finanzministerium der Republik Serbien. (2015). *Bilten javnih finansija (Mitteilungsblatt zu Öffentlichen Finanzen), Februar 2015.* Belgrad. http://www.nbs.rs/internet/cirilica/index.html. Zugegriffen am 01.06.15.

Finanzministerium der Republik Serbien, *Stanje i struktura javnog duga (Stand und Struktur der öffentlichen Schulden)*, 12/2014. Belgrad. http://www.javnidug.gov.rs/upload/Stanje%20i%20struktura/Stanje%20i%20struktura%20-%20SRB%20CIRILICA.pdf. Zugegriffen am 07.06.15.

http://mtt.gov.rs/. Zugegriffen am 28.05.15.

http://webrzs.stat.gov.rs. Zugegriffen am 28.05.15.

http://www.gtai.de/GTAI/Navigation/EN/invest.html. Zugegriffen am 06.06.15.

http://www.mfa.gov.rs. Zugegriffen am 15.08.15.

M. Jankovic, H. Brenner, *Die Wirtschaft Serbiens*, essentials,
DOI 10.1007/978-3-658-13413-6

http://www.nbs.rs/. Zugegriffen am 07.07.15.
http://www.pks.rs/. Zugegriffen am 07.07.15.
http://www.pks.rs/PrivredaSrbije.aspx?id=7&p=2&. Zugegriffen am 06.07.15.
http://www.seebiz.eu/novi-stadlerovi-vozovi-na-srpskim-prugama-pocetkom-2015/ar-101022/. Zugegriffen am 06.07.15.
http://www.srbija.travel/. Zugegriffen am 10.07.15.
http://www.tatsachen-ueber-deutschland.de/de/. Zugegriffen am 28.05.15.
https://ec.europa.eu/programmes/horizon2020. Zugegriffen am 10.07.15.
https://sh.wikipedia.org/wiki/Geografija_Srbije. Zugegriffen am 27.05.15.
https://sh.wikipedia.org/wiki/Srbija. Zugegriffen am 27.05.15.

Jeremić, Z. (2012). *Finansijska trzista i finansijski posrednici (Finanzmärkte und Finanzvermittler)*. Belgrad: Universität Singidunum.

Makroekonomski podaci za Srbiju do 2020. godine, 4/2015 *(Volkswirtschaftliche Angaben für Serbien bis 2020, 4/2015)*. Makroekonomija. http://www.makroekonomija.org/javni-dug/makroekonomski-podaci-mmf-a-za-srbiju-do-2020-godine. Zugegriffen am 28.06.15.

Malešević, Z. (2011). *Otvorenost finansijskog tržišta Republike Srbije za integraciju sa finansijkim tržištim EU (Offenheit des Finanzmarktes der Republik Serbien für die Integration in den EU-Finanzmarkt)*. Novi Sad: Wirtschaftshochschule für berufliche Ausbildung.

Marković, D., & Furtula, S. (2012). *Monetarna ekonomija (Geldwirtschaft)*. Kragujevac: Wirtschaftswissenschaftliche Fakultät.

Regierung der Republik Serbien. (2014). Drugi nacionalni izveštaj o socijalnom uključivanju i smanjenju siromaštva u Republici Srbiji (Zweiter nationaler Bericht über soziale Eingliederung und Armutsminderung). Belgrad. www.udruzenjesz.rs. Zugegriffen am 01.06.15.

Rizik siromaštva u Srbiji (*Armutsrisiko in Serbien*), *Vreme*, 2014. Belgrad. http://www.vreme.co.rs/cms/view.php?id=1213694. Zugegriffen am 17.07.15.

Šojić, S. M., (2014). Industrija Srbije (1990–2013) *(Industrie Serbiens (1990–2013))*, Sammelwerk der Serbischen Akademie der Wissenschaften und Künste (*SANU), Moguće strategije razvoja Srbije (Potentielle Strategien für die Entwicklung Serbiens)*. Belgrad. Zugegriffen am 20.05.2015.

Statistikamt der Republik Serbien, 10/2014, *Statisticki godisnjak Republike Srbije 2014, (Statistisches Jahrbuch der Republik Serbien, 2014*). Belgrad. www.stat.gov.rs. Zugegriffen am 06.07.2015.

Statistikamt der Republik Serbien, 594/2015, *Saobraćaj i telekomunikacije u Republici Srbiji 2013, (Verkehr und Telekommunikation in der Republik Serbien 2013)*. Belgrad. http://webrzs.stat.gov.rs/WebSite/repository/documents/00/01/72/28/SB-594-Saobracaj_i_telekomunikacije_u_RS,_2013.pdf. Zugegriffen am 07.08.15.

Veselinović, P. (2013). *Nacionalna ekonomija (Nationalökonomie)*. Kragujevac: Wirtschaftswissenschaftliche Fakultät.

www.hidmet.gov.rs. Zugegriffen am 15.05.15.
www.mgsi.gov.rs/. Zugegriffen am 20.07.15.
www.sinteza.net. Zugegriffen am 20.07.15.
www.stat.gov.rs. Zugegriffen am 29.05.15.